# CONSIDÉRATIONS

## SUR LA

## NOBLESSE FRANÇAISE,

*Et Réfutation de quelques doctrines erronées qui tendent à dénaturer l'esprit de cette institution consacrée par la Charte ;*

PAR M<sup>r</sup>. C. DE M**Y.

---

Sæpè tibi pater, sæpè legendus avus. (OVIDE.)

---

A PARIS,

SE TROUVE

Chez PELICIER et DELAUNAY, libraires, au Palais-Royal.

1816.

# CONSIDÉRATIONS

## SUR LA

## NOBLESSE FRANÇAISE,

*Et Réfutation de quelques doctrines erronées qui tendent à dénaturer l'esprit de cette institution consacrée par la Charte.*

PLINE a judicieusement observé que l'histoire des temps est difficile à écrire par les égards que l'on doit aux vivans; et, en effet, c'est une tâche bien délicate d'accorder tant d'opinions divergentes, d'amortir tant de passions, de satisfaire tant d'amours-propres, de rapprocher tant d'esprits divisés, de débrouiller tant d'intérêts dont la complication est le résultat du chaos d'une révolution, et de ramener enfin les hommes au vrai rudiment de la morale lorsqu'une fois ils s'en sont écartés. Cette grande opération exige le concours de la raison et de la patience ; car nous vivons dans un siècle où il faut répéter mille fois la vérité pour qu'elle soit entendue.

Au milieu du bouleversement général opéré par une révolution dans le corps de l'Etat, et de cette dissolution de parties qui composent son ensemble, il est certaines institutions qui, par l'essence même de leurs principes, surnagent dans la tempête politique, résistent aux chocs les plus violens, et qui, lorsque le calme est rétabli, viennent par un mouvement de pondération naturel et irrésistible se replacer, comme parties intégrantes, dans la récomposition d'une monarchie légitime. La noblesse est de ce nombre ; échappée au naufrage elle n'aborde point une terre étrangère, mais une terre souvent témoin de ses glorieux exploits, et cependant il se trouve encore des êtres assez inhumains pour la repousser après tant d'infortunes de son sol natal. Pourquoi faut-il qu'une institution qui a pour but d'assurer la conservation du pouvoir légitime et de perpétuer la gloire nationale, soit obligée de se défendre, et de repousser les traits de la calomnie ? Mais il y a des esprits si mal faits, des hommes si méchans, qu'ils changeraient l'or en plomb si cela était en leur pouvoir. L'envie les tourmente sans cesse, ils ne respectent rien de ce que leurs devanciers ont respecté, pas même ce que le temps a consacré; ils s'acharnent après les institutions établies, tout est bon pourvu qu'ils dévorent; ces vampires politiques déterreraient les cadavres. Que leur a fait la noblesse? Ils seraient fort embarrassés de répondre; la jalousie est aveugle et la partialité ne raisonne point. Pourrais-je me flatter de parvenir à les ramener à la raison et à vaincre leurs injustes préventions; je n'en ai point la conscience, tant leur haine est invétérée. Je veux du moins me montrer plus équitable qu'eux, et dans le cours de réflexions que mon sujet me suggérera, j'aurai toujours présente à la pensée cette maxime de Cléobule (1), qu'il faut faire du bien à ses amis et à ses ennemis, afin de conserver les uns et de gagner les autres.

Tant d'auteurs ont pensé si diversement de la noblesse, que je n'ai point la prétention de concilier leurs sentimens. Les matériaux ne me manqueraient point pour prouver l'antique origine de cette institution. Il suffit de savoir qu'elle a été adoptée par la

---

(1) Cléobule, l'un des sept Sages de la Grèce.

plupart des peuples anciens et modernes, et que son utilité a reçu la sanction des temps et de l'expérience. Je me contenterai d'extraire de l'opposition de tant d'opinions contradictoires ce qui sera essentiellement utile à mon sujet, et de ramener la question à ses vrais principes. La route a été battue sans doute, mais on l'a hérissée de tant de brandons, que, sans la pureté d'intention qui m'anime, je craindrais d'être arrêté à chaque pas.

Ce qu'on appelle noblesse, s'écriaient avec dédain les fougueux prédicans de la révolution ; ce qu'on appelle noblesse est un outrage fait à la nature et à la primitive égalité. Un d'eux fit cette question inouie par son ridicule : quand Adam labourait et qu'Eve filait, qui des deux était le plus noble? On ne peut faire mieux ressortir l'envie qui travaillait ces frondeurs des institutions les plus antiques qu'en citant leurs traits de folie.

Il n'est point d'institution qui ait fait naître plus dé contestations que la noblesse. Si d'un côté elle a trouvé des contradicteurs dans presque tous les philosophes stoïciens , et dans beaucoup d'esprits moroses qui l'ont sacrifiée à leurs railleries, tels que Ménandre, Euripide, Juvénal ; de l'autre, elle a trouvé d'il-

lustres protecteurs dans des philosophes éclai-
rés, tels qu'Aristote, Saluste et Cicéron, et de
puissans apologistes dans les plus sages législateurs de l'antiquité. Parmi ses détracteurs,
il en est qui veulent lui ravir absolument
tous ses avantages; mais à travers les réflexions
malignes de ces humoristes, on voit percer la
partialité et la jalousie. (1) Agrippa décèle bien
l'excès de sa haine lorsqu'il avance cette étrange
proposition que la noblesse est un héritage
acquis par le crime et la violence. Qui veut
trop prouver ne prouve rien. Si les crimes
de quelques nobles indignes de l'être, ont pu
donner lieu à l'assertion d'Agrippa, suffisent-
ils pour généraliser sa proscription? Une cor-
poration entière doit elle encourir l'anathême
pour la folie et la méchanceté de quelques
individus? qu'on préjuge les conséquences d'un
pareil sophisme pour la tranquillité des so-
ciétés. Qu'on mette en parallèle les grands

---

(1) Henri Corneille, né à Cologne en 1486, savant
distingué dans toutes les sciences, mais qui s'est rendu
ridicule par des paradoxes qu'il soutenait avec opiniâ-
treté; entre autres, qu'il n'y a rien de plus pernicieux
pour la vie des hommes et le salut de leur ame, que
les sciences et les arts, et par d'autres encore bien
autrement singuliers.

services rendus par la noblesse, avec quelques faits isolés, blamables, il est vrai, mais qui tiennent malheureusement à l'essence de l'espèce humaine; le crime de quelques individus n'est qu'une tache imperceptible qui n'altère en rien tout l'éclat d'un beau tableau.

Un jet d'eau qui s'élève à trois pieds de terre, disait un philosophe moderne en parlant de la noblesse, et celui qui s'élance à cent pieds en l'air sont également des jets d'eau; il n'y a entre eux de différence que dans l'efficacité de leurs opérations. Quand se lassera-t-on de pareilles abstractions? Si un faible ruisseau féconde heureusement les terres d'une humble métairie, s'ensuit-il qu'un jet-d'eau de cent pieds ne doive point servir d'embellissement à un parc magnifique ou bien à un parterre élégant; l'un et l'autre ont leur utilité et leur harmonie relatives. Si la simplicité, l'ordre et l'économie sont les attributs d'une honorable mais précieuse médiocrité, l'éclat et les distinctions sont les ornemens essentiels d'un grand empire.

L'homme, dit J.-J. Rousseau, est naturellement excité par les distinctions; pourquoi lui ravir cette faculté qui l'agrandit? Cette vérité a été sentie de tout temps, et le prin-

cipe, une fois adopté, est devenu dans tous
les Etats bien organisés, un des élémens fon-
damentaux de la gloire nationale. Quand l'esprit de dénigrement me disputerait ce principe, je ne voudrais lui opposer pour exemple
que ce qui s'est passé sous le gouvernement
qui vient de s'éclipser. Si l'on adopte, pour les
personnes constituées en dignités à cette époque, les honneurs qui leur ont été distribués
avec largesse, on sera forcé de convenir que
les générations des temps antérieurs et posté-
rieurs ont également droit à ces honneurs qui,
pour beaucoup de familles, sont le prix du
sang de leurs ancêtres, autrement on tombe-
rait dans un système révoltant de partialité
et d'exclusion. La gloire est le partage de tous
les siècles, chacun a le droit de revendiquer
la sienne.

Quelle plus juste vengeance que celle de
combattre les sectaires écervelés de la philosophie moderne avec les propres doctrines de
leurs maîtres. J'invoque une autorité que les
grands niveleurs ne pourront recuser, celle
de d'Alambert : « Faut-il donc, dit-il, un
» grand effort de philosophie, pour sentir
» que dans la société, et sur-tout dans un
» grand Etat, il est indispensable qu'il y ait

» entre les rangs une distinction marquée ;
» que si les talens ont seuls droit à nos vrais
» hommages, la supériorité de la naissance et
» des dignités exige nos déférences et nos
» égards ; que plus le sage a d'intérêt d'être
» mis à sa place, plus il doit respecter celle
» des autres. »

Il est une autorité infiniment plus respectable que j'invoque encore, l'imitation de Jésus-Christ. Le mépris de la religion et des principes dont se targuent les partisans de l'égalité primitive, m'avertit des sarcasmes avec lesquels ils accueilleront ma citation. Je ne me charge point de convaincre des insensés, je m'adresse à des gens raisonnables : « Les
» dignités, est-il dit dans ce livre inimita-
» ble, doivent être honorées, et ceux qui y
» sont placés, doivent jouir de l'éclat et de
» la considération qu'elles leurs donnent : la
» pompe et l'appareil aident au commande-
» ment. »

La noblesse est une institution, dont l'utilité est prouvée par l'expérience de tous les siècles. La sagesse des Grecs et la politique des Romains n'ont rien imaginé de plus efficace pour former de vaillans défenseurs à la patrie. Les consuls et le sénat romains, dans ces violentes dissentions suscitées par les tribuns du peuple, dont ces magistrats turbulens comprimaient si souvent le patriotisme, dans ces circonstances imprévues et subites qui menaçaient l'Etat, ne s'adressaient point en vain aux jeunes sénateurs et aux patriciens. Le cri de détresse de la patrie retentissait dans leurs nobles cœurs, ils courraient aux armes, ils entraînaient le peuple comme malgré lui, par l'élan de leur courage et par l'ardeur qu'ils lui communiquaient, et ils sauvaient la patrie. Dans les grands malheurs de l'Etat et dans tout le cours de notre antique monarchie, la noblesse française a toujours répondu aux nombreux appels que lui faisait l'honneur. S'il était permis de corroborer l'évidence des preuves des contradictions mêmes des philosophes et des rigoureuses épreuves d'une révolution, je dirais qu'après le bouleversement arrivé dans le corps politique, lorsque les esprits délivrés de cet état de gêne et d'étouffement dans lequel la tourmente révolutionnaire et l'anarchie les avaient retenus, commencèrent à respirer, on se fit une idée plus juste et plus nette des bienfaits des institutions sociales, on revint par gradation aux principes de l'ordre et de la morale; dès-lors la noblesse ne fut plus un titre de proscription. Enfin, celui même qui viola le droit des gens, pour faire assassiner, par une troupe de sicaires à ses ordres, le dernier rejeton de cette illustre race qui avait tant contribué à la gloire française, celui qui s'extasiait à la lueur de l'incendie de Moskou, et qui en contemplait avec ravissement les épouvantables ravages, celui qui fuyait, escorté de ses regrets, mais non de ses remords, une terre hyperborée qu'il avait jonchée des cadavres glacés de nos frères, et qui s'est enfin perdu par l'excès de son ambition, avait antérieurement senti tous les avantages qu'il pouvait retirer de cette institution, pour consolider sa puissance ; puisque dans son second statut du premier mars 1808, il dit expressément : « L'objet de cette institution a été » non seulement d'entourer notre trône de » la splendeur qui convient à sa dignité, mais » encore de nourrir au cœur de nos sujets » une louable émulation, en perpétuant d'il- » lustres souvenirs, et en conservant aux âges » futurs l'image toujours présente des récom- » penses qui, sous un Gouvernement juste, » suivent les grands services rendus à l'Etat. » L'institution de la noblesse est donc sortie triomphante des épreuves terribles d'une ré-

volution; son utilité est démontrée péremp-
toirement, puisque son principe a été consacré par les révolutionnaires eux-mêmes, à leur
profit sur-tout, et en dépit de leurs anciennes
contradictions.

Sa gloire est proclamée par la muse de
l'histoire. Que ses ennemis déchirent les pa-
ges qui l'honorent avant de l'accuser. Les
champs de Crecy et de Poitiers n'attestent-ils pas
sa valeur. Dans la première journée, qui fût si
fatale à la France, et dans laquelle nul n'était
pris à rançon, dit Froissard, et ainsi l'avaient
ordonné les Anglais entre eux, plus de 1200
gentilshommes périrent glorieusement; dans
la seconde, toute la noblesse fit au malheureux mais intrépide roi Jean, un rempart de
son corps; il fallut escalader des cadavres
pour s'emparer de la personne de ce prince,
qui se défendit vaillamment, et ne se rendit
qu'accablé de fatigue et par le nombre des
ennemis. Le brave Geoffroy de Charny qui
portait l'oriflamme, expira en la tenant for-
tement embrassée, et la bannière française lui
servit de linceul.

Si vous êtes battus, disait Louis XIV dans
le déclin de ses ans et de sa fortune, à des
seigneurs partant en 1712 pour l'armée de

Flandres, commandée par Villars, j'irai vous secourir ; je suis gentilhomme, et j'ai l'honneur d'être le plus ancien soldat de mon royaume. Je suis résolu de me mettre à la tête de mon armée, et de la commander en personne ; je gagnerai la bataille, ou je me ferai tuer en combattant. Je n'ai point d'autre parti à prendre, c'est le seul glorieux et le seul digne de moi. Que la France devait être glorieuse elle-même d'avoir un tel maître ? aussi tous les Français répondirent-ils à l'appel d'un Roi, qui leur témoignait tant d'amour et une si noble confiance. Leurs efforts furent pénibles, mais la France fut sauvée. Que l'on compare la conduite de ce grand Roi avec celle de ce conquérant insensé qui, après avoir fatigué le monde de son infatigable ambition, racheta la vie au prix de l'humiliation et de l'opprobre. Louis n'insultait point cette noblesse qui avait servi d'instrument à la gloire de son règne ; il n'aurait point osé la dégrader, ni se dégrader lui-même, en exigeant d'elle des actions serviles et déshonorantes. Il communiquait au contraire la grandeur de son caractère à ceux qui l'approchaient.

Après les funestes batailles d'Hochstet, d'Oudenarde, de Turin et de Ramillies, la France semblait devoir succomber sous le poids de tant d'infortunes ; l'abattement et la misère étaient à leur comble, l'argent, le crédit, le commerce, tout était anéanti. Cependant, au milieu de cette consternation générale, la France trouva le moyen de mettre encore sur pied une armée redoutable et tout l'argent nécessaire pour l'alimenter, et par là, maintenir la discipline militaire. La solde de l'armée fut exactement payée. Le corps des officiers, composé pour la majeure partie de la noblesse, fut privé de cette ressource ; l'honneur parlait, il fut obéi, et la France fut sauvée ; et vous aussi, mânes illustres de cette brillante noblesse, moissonnée dans les champs de Fontenoy, vous avez sauvé la monarchie. Guerriers citoyens, dont les nobles cœurs ont été essayés à la pierre de touche de l'adversité, Vendéens fidèles montrez vos honorables cicatrices ; elles saignent encore pour attester votre inaltérable dévouement à la légitimité ? Et toi, leur chef illustre, issu d'un sang cher à tous les Français, nouveau Bayard, La Roche Jacquelin, sors de cette terre qui fut à la fois le champ de la gloire et ta tombe, et viens défendre tes frères contre les traits de la calomnie ? Français enfin, qui, dégagés de tout vil intérêt, de toute ambition personnelle, n'avez vu, à travers les prestiges entraînans d'une fausse gloire, que les intérêts de la patrie, qui avez dit, dans toute la franchise de votre ame, l'honneur parle, j'obéis, et dont le Roi qui ne sait point détacher sa gloire personnelle de la gloire nationale, a voulu récompenser les services, repoussez des outrages qui vous sont communs?

Quelle plus belle institution que celle où le désintéressement le plus généreux s'allie à la plus brillante valeur.

Dans des temps de détresse et de calamité publique, des généraux français, illustres autant par leurs talens que par leur naissance, Sully, Turenne, Guebriant (1), Montmorency et tant d'autres ont vendu leur vaisselle et leurs biens mêmes, pour subvenir aux besoins de l'armée que le trésor public ne pouvait secourir. En 1544, avant la bataille de

---

(1) Budes, comte de Guébriant, gouverneur de la ville d'Aire, et célèbre par la vigoureuse défense de cette place assiégée en 1710 par le prince d'Anhalt-Dessau. Dans la crainte de manquer d'argent, il fit couper sa vaisselle, la fit diviser en petites pièces marquées de ses armes, et paya avec elles sa garnison pendant tout le siége.

Cerisolles, on ne sut pas plutôt à la cour que le comte d'Enguien, commandant l'armée de François Ier, se disposait à livrer bataille, que les jeunes courtisans prirent la poste pour avoir leur part de la gloire et du péril : on comptait parmi eux l'élite des grandes maisons de France. Ils ne furent pas plutôt arrivés à l'armée, que le comte d'Enguien, persuadé qu'ils n'étaient point venus sans argent, emprunta tout ce qu'ils en avaient pour satisfaire les soldats étrangers qui menaçaient d'une désertion générale, parce qu'ils n'étaient point exactement payés : il n'y eut pas un des seigneurs qui ne vuidât sa bourse en présence du Prince, sans penser à ce qu'il deviendrait après la bataille. Ces soldats étrangers furent encore plus touchés de la générosité de cette action, que du profit qui leur en revenait, et demandèrent instamment qu'on les menât à l'ennemi, qui fut vaincu près de Cerisolles.

Si la noblesse a ses annales de vertus, elle a aussi un long et glorieux martyrologe. Le sang du saint roi n'a-t-il pas créé des Montrose (1)

_____

Jacques Graham, marquis de Montrose, généralissime et vice-roi d'Écosse pour Charles Ier, roi d'Angleterre, exécuté à Édimbourg au mois de mai 1650, pour avoir soutenu le parti royal.

comme celui de Charles I<sup>er</sup>, ombres infortu-
nées de Malsherbes, de la Tremouille, et de
tant de victimes aussi nobles mais moins illustres, ma plume se refuse à retracer de trop
déchirans souvenirs : je ne troublerai point
le silence et la nuit des tombeaux.

Qui ne connaît point tous les excès commis
par la faction de la Jacquerie. Ces brigands pil-
laient, incendiaient les châteaux. Quelques pay-
sans mutinés furent taillés en pièces dans la ville
de Meaux. On frémit en lisant avec quelle
rage et quel rafinement de cruauté les habi-
tans des villes voisines et des campagnes se
vengèrent de ce massacre sur tous les nobles
qu'ils pouvaient rencontrer. Dans le cours de
la révolution, quelles humiliations, quelles
persécutions n'ont-ils point éprouvées ; les
carrières, les fusillades, les noyades et les écha-
fauds étaient leur partage. Des cœurs généreux
peuvent oublier tant de maux ; mais l'inflexible histoire les décrira en caractères sanglans.

Si la noblesse s'est trouvée entachée du
contact du barbare des Adrets (1), des féroces

_______________

(1) François de Beaumont, baron des Adrets, gentilhomme du Dauphiné, quitta le parti catholique en
1562 pour se venger du duc de Guise qu'il haïssait,
embrassa le parti calviniste, et commit toutes sortes

Vauru (1), et de l'inflexible Monluc (2), elle
s'énorgueillit d'avoir vu naître parmi elle les
parfaits modèles des plus brillantes qualités.

de cruautés. Le prince de Condé et l'amiral de Co-
ligny indignés de ses excès, le destituèrent de son
gouvernement du Lyonnais. Il en conçut tant de dépit,
qu'il revint au parti catholique, y servit sans honneur, et mourut dans un âge avancé, haï et méprisé
de tout le monde.

(1) Noms de deux gentilshommes célèbres par leur
férocité, et qui, pendant les guerres civiles du règne
de Charles VI, commandaient dans la ville de Meaux
pour le parti des Armagnacs. L'un se nommait le Bâtard de Vauru, l'autre Denis de Vauru. Ils furent
massacrés par les Anglais à la prise de Meaux. On sait
qu'à cette époque le nom de Bâtard n'emportait aucune qualification ignominieuse. Plusieurs grands hommes, tels que l'Escun, dit le Bâtard d'Armagnac; Jean
d'Harcourt, Bernard de Béarn, Bâtard de Foix; Du-
nois, Bâtard d'Orléans; Jean de Montagu, Bâtard de
Salisbury, tenaient à honneur de le porter.

(2) Blaise de Monluc fait maréchal de France en
1574. On ne peut nier que ce ne fût un homme doué
des plus rares qualités; personne ne l'égalait en talens militaires, en intrépidité, en dévouement pour le
Roi. Il est malheureux que l'éclat de si belles qualités ait été quelquefois terni par des actes d'une barbare
rigidité; mais s'il était inflexible pour les autres, il était
également sévère pour lui-même, et il donna l'exemple
de toutes les vertus morales et domestiques.

Gaston de Foix, le type de la vaillance ; Bayard, l'honneur de la chevalerie ; Barbasan, chevalier sans reproche ; Gassion, si connu par l'austérité de ses mœurs (1) ; Berulle (2), l'apôtre de la foi et de la charité chrétienne ; Porcelets, qui, par l'ascendant de sa seule vertu, fut excepté du massacre des vêpres siciliennes ; Chatelmont (3), le sublime ami de l'humanité ;

---

(1) Le maréchal de Gassion avait été dans sa jeunesse entêté et querelleur. Son père, qui était aussi brave qu'il était habile magistrat, parvint cependant à le corriger de ses défauts. Sachez, lui écrivait-il, que vous m'aurez pour le plus grand de vos ennemis, si vous manquez de cœur, et que je serai le second de tous ceux que vous pourrez quereller mal-à-propos.

(2) Pierre de Berulle, instituteur des Pères de l'Oratoire et cardinal, né en 1575, d'une famille illustre de Champagne. Le Pape avait une si grande estime pour ses vertus, qu'il disait : le père de Berulle n'est point un homme, c'est un ange. Il mourut le 2 octobre 1629 de la mort la plus désirable pour un saint prêtre, en célébrant la messe, et en prononçant ces mots de la consécration, *hanc igitur oblationem*, ce qui donna lieu au distique suivant :

*Cœpta sub extremis nequeo dùm sacra sacerdos*
*Perficere, ut saltem victima perficiam.*

(3) M. de Chatelmont, si connu par sa bienfaisance,

Rohan, (1) la valeur et l'urbanité même.

Alfieri, le Sophocle de l'Italie, qui avait été imbu des principes de la révolution française, et qui conservait une ancienne rancune contre les grands, revint bientôt de ses préventions, lorsqu'il eut vu tous les excès auxquels s'était porté le peuple en fureur. Je connaissais les grands, disait-il avec toute l'expension de la franchise, mais je ne connaissais point les petits : il mourût repentant de ses erreurs. Jean-Jacques Rousseau, lui-même, l'apôtre de l'égalité, avait eu certes dans tout le cours de sa vie, bien moins à se plaindre de la hauteur des grands que de l'insolence de certaines classes; puisqu'il dit dans ses confessions : s'il est un orgueil pardonnable après celui qui se tire du mérite

entretenait beaucoup de malheureux de son argent: ayant été assassiné un jour dans une rue de Paris, on amena devant lui, pour la confrontation, l'assassin qui rejeta son crime sur sa misère. Malheureux, lui dit M. de Chatelmont, dont l'ame était toujours ouverte aux cris de la pitié; que n'es-tu venu me trouver, je t'aurais mis au mois; et en effet, il faisait tous les mois de grandes libéralités aux indigens.

(1) Feu le Prince de Rohan-Chabot, premier gentilhomme de la chambre du Roi.

personnel, c'est celui qui se tire de la naissance.

Les législateurs impartiaux et équitables
ont considéré la noblesse comme la récompense des vertus et des services rendus à la
patrie. Je n'approuve point la réponse de
Castelan, évêque de Tulle, à François Ier,
qui lui demandait s'il était d'extraction noble :
Noë avait trois fils dans l'arche, je ne sais pas
bien duquel des trois je suis descendu. Il n'y
a que l'excès d'humilité chrétienne qui puisse
couvrir l'excès de cette impertinence philoso-
phique. Plus on est dans un rang élevé, plus
on doit aux autres l'exemple de la soumission aux lois, et de respect aux usages reçus.
Ce n'est point ainsi qu'eut répondu le grand
Bossuet, l'aigle de la chaire, aussi éloquent
écrivain qu'habile politique, et dont le génie
avait pénétré dans toute la profondeur des
institutions sociales. Ce n'est point ainsi
qu'eut répondu Turenne, dont toute la vie
n'a été qu'un tissu d'actions nobles, géné-
reuses et magnanimes. Ce grand homme avait
une idée bien juste de l'ordre nécessaire à la
marche des empires, et un grand respect pour
les institutions établies, puisqu'il ne croyait
pas se rabaisser en cédant le pas à son neveu

qui n'était encore qu'un enfant, et en lui donnant publiquement les plus grandes marques de déférence, par cela seul qu'il était le chef de la branche aînée de sa maison (1).

Ce n'est point ainsi qu'eut répondu le maréchal Fabert : sa modestie était si grande, que le roi ayant voulu, sur la fin de 1661, l'honorer du collier de son ordre, il se fit un point d'honneur de ne pas l'accepter, persuadé qu'il n'y avait que les gentilshommes d'une ancienne noblesse qui pussent le porter à juste titre, et parce qu'il ne pouvait faire les preuves ordonnées par les statuts de cet ordre. Il en écrivit au Roi pour lui en rendre grâce, quoi-

______________

(1) Voici un de ces traits d'une générosité délicate qui caractérise la vrai noblesse. Turenne aimait à soulager ceux qui étaient dans la misère, et il était ingénieux à en trouver des moyens qui ne leur fissent point de confusion. Il était encore fort jeune, lorsqu'ayant vu un gentilhomme devenir pauvre pour avoir dépensé tout son bien au service et dans les armées, il s'avisa de troquer des chevaux avec lui et de lui en donner d'excellens pour de très-médiocres, faisant semblant de ne s'y pas connaître. Il est rare qu'un jeune homme qui entre dans le monde veuille bien passer pour dupe, dans le seul dessein d'épargner à un homme la honte de recevoir des secours dans son indigence.

que sa famille se plaignît du tort qu'il lui faisait, et lui représentât que son grand père
avait été anobli par le duc de Lorraine, et
que son père avait toujours porté la qualité
de gentilhomme. La réponse autographe de
Louis XIV fut aussi noble que le refus de Fabert était magnanime. « Monsieur, lui écri-
» vait ce grand roi, je ne saurais vous dire si
» c'est avec plus d'estime ou bien avec plus
» de plaisir que j'ai vu par votre lettre du 7 de
» ce mois, l'exclusion que vous donnez vous-
» même du cordon bleu dont j'avais résolu de
» vous honorer. Ce rare exemple de probité
» me paraît si admirable, que je suis contraint
» de vous avouer que je le regarde comme un
» ornement de mon règne. Mais j'ai d'ailleurs
» un regret très-sensible de voir qu'un homme
» qui, par sa valeur et sa fidélité est parvenu di-
» gnement aux premières charges de ma couron-
» ne, se prive lui-même de cette marque d'hon-
» neur, par un obstacle qui me lie les mains.
» Ainsi, ne pouvant rien faire davantage pour
» rendre justice à votre valeur, je vous assurerai
» du moins par ces lignes que jamais il n'y
» aura de dispense accordée avec plus de joie
» que celle que je vous enverrais de mon pro-
» pre mouvement, si je le pouvais, sans

» renverser le fondement de mes ordres, et
» que ceux à qui je vais distribuer le collier,
» ne peuvent jamais en recevoir plus de lustre
» dans le monde, que le refus que vous en
» faites, par un principe si généreux, vous en
» donne auprès de moi. Je prie Dieu, au sur-
» plus, qu'il vous ait, mon cousin, en sa sainte
» et digne garde. A Paris, le 29 décembre 1661.
» Signé Louis. » Que l'exemple et les opinions
de ces grands hommes apprennent à ces frondeurs atrabilaires à juger plus sainement des
institutions humaines.

On peut dire que la noblesse, qui fait con-
sister sa gloire dans la grandeur d'ame, dans
la sévérité à garder sa parole, dans des actions
charitables, est une heureuse recommanda-
tion qui, suivant l'expression de Ciceron, attire les esprits comme une belle figure charme
les yeux. La noblesse ne rompt point, comme
on veut malignement le faire entendre sans
le prouver, les chaînons qui unissent la société ; elle les resserre au contraire, en établis-
sant entre-elle et le peuple une communica-
tion de vertus et de bons exemples. Dans l'état
actuel des choses elle n'usurpe point une
supériorité de droits, puisqu'elle ne se met
point au-dessus des lois, puisqu'elle ne reven-

dique aucun privilège. Elle ne demande que l'honorable prérogative de se signaler par un plus grand dévouement à la légitimité, par de plus grands sacrifices, et, si j'ose m'exprimer ainsi, par une plus grande abnégation d'elle-même. Si dans cette équitable répartition des rangs qui, par l'ascendant irrésistible des choses, a acquis la force d'une loi naturelle, elle occupe une place élevée, elle verra en même-temps avec joie, se placer auprès d'elle ceux que d'éminents services y feront monter : la carrière est ouverte à tous les genres de mérite et à tous les talents.

Les bienfaits des hommes illustres méritent une récompense qu'ils puissent transmettre à leurs descendants. Cette récompense est la noblesse. C'est un héritage qu'ils doivent laisser intact, et transmettre avec toutes les vertus qui en font partie : leurs héritiers contractent, en acceptant la succession de leur père, l'obligation d'en user en bons pères de familles pour la gloire de leurs enfants qui, à leur tour, sont tenus de rendre compte de ce fidéi-commis graduel et successif, le talisman de leur illustration primitive.

Quoique la noblesse ne soit point toujours l'apanage de la vertu, cette distinction lui

prête plus d'éclat lorsqu'elle s'y joint, par cela même qu'elle l'expose plus au grand jour; c'est un cadre brillant qui fait encore mieux ressortir tout le mérite du tableau. Un beau nom est un levier pour les grandes choses; ordinairement ceux qui ont l'honneur de le porter sont ceux qui s'en aperçoivent le moins, et le font moins apercevoir aux autres. Un homme de bien ne doit point se prévaloir de sa naissance pour établir, sur qui que ce soit, une supériorité qui puisse flatter son amour-propre et rabaisser celui d'autrui. Il doit seulement conserver avec soin tout le sentiment de sa dignité, perpétuer par ses actions et une conduite toujours irréprochable l'estime qu'elle lui attire, enfin se montrer tel qu'on puisse avec raison lui appliquer ce passage de la Bruyère : «s'il est heureux d'avoir de la naissance, il ne l'est pas moins d'être tel que l'on ne s'informe plus si vous en avez.» «Ceux
» qui sont assez sots, dit le duc de la Roche-
» foucault, pour s'estimer seulement par leur
» noblesse, méprisent en quelque façon ce
» qui les a rendus nobles, puisque ce n'est
» que la vertu de leurs ancêtres qui a fait
» la noblesse de leur sang. » Les grands noms,

abaissent au lieu d'élever ceux qui ne savent pas les soutenir. Autant il serait absurde de se fonder sur sa noblesse pour se plonger dans le luxe et la débauche, et pour autoriser la violence et l'injustice, autant il est déraisonnable de se faire un argument de la louange de la vertu contre la noblesse qui en fait profession. Ainsi, censeurs intrépides, « déclamez si vous voulez contre ceux dont » la vie fait honte à la noblesse, mais ne » prétendez point, sous le masque de cette in- » vective, lancer les traits de votre jalousie » contre cette noblesse même qui est née de la » vertu, et que les hommes vertueux ont tou- » jours respectée depuis qu'elle est connue. »

Ne soyons donc point jaloux du rang que les autres occupent dans la société. C'est le fait d'un petit esprit et d'un amour-propre ridicule. Persuadons-nous, pour le bien général, que les distinctions dont ils sont honorés sont le prix de leurs talens et de leurs vertus. Ayons le noble orgueil de nous élever jusqu'à eux, afin que nous ne les forcions point de s'abaisser jusqu'à nous. Voilà le partage d'une louable émulation et de la vrai gloire.

Un homme de beaucoup d'esprit (1), qui, à travers les paradoxes les plus singuliers, conservait un profond respect pour la morale et les principes, disait, en parlant de la noblesse, à l'époque du décret du 19 juin qui la supprimait. «Le décret qui a détruit la noblesse frappe
» par contre coup et avilit tous les Français ; il
» les déclare ineptes à être nobles, les rend inca-
» pables d'en transmettre la qualité à leurs des-
» cendans, par là les dégrade ; il casse le ressort
» le plus précieux du mécanisme social, un
» ressort d'émulation, d'honneur, d'activité
» qu'il est impossible de remplacer, ou plutôt
» qui, par le plus grand des malheurs, se
» remplace à l'instant par un ressort de cu-
» pidité, d'avarice et de corruption, par l'or
» et la richesse.

» Il n'y a point de nation au monde ( la
» nation française ) du milieu de laquelle il
» soit plus dangereux d'extirper la noblesse ;
» point de nation dont le caractère sympatisant
» davantage avec cette institution, soit attaqué
» d'une manière plus violente et plus directe
» par ce décret vraiment anti-politique et
» anti-national. La noblesse est un moyen su-

---

(1) M. d'Escherny.

» blime dans les mains du législateur, de di-
» riger l'orgueil vers le bien général de l'as-
» sociation politique, et de faire produire à la
» vanité tous les effets de la vertu. »

La noblesse n'est point, comme on le prétend
dans une brochure intitulée, *du gouvernement représentatif*, une caste qui a des intérêts distincts de ceux de la France et même
des intérêts opposés à ceux de la nation en
général. On sent ce qu'il y a d'erroné dans
cette assertion. Les distinctions sociales ne sont
établies que dans l'intérêt général de la société; elles sont bien moins l'objet et le but
de la vanité que la règle qui nous trace des
devoirs austères, qui nous impose des obli-
gations rigoureuses, et la digne récompense
du dévouement au Roi et des services rendus
à la patrie. Il est, dans l'état actuel des choses,
aussi impolitique qu'inconstitutionnel d'attaquer la noblesse dans ses principes, et de
chercher à déraciner ce tronc respectable d'où
peuvent encore sortir des rameaux qui conso-
lideront la monarchie. L'existence de la noblesse est intimement liée à la Charte; que la
malignité cesse donc de lui supposer des ar-
rières-pensées contraires au bonheur de la
France; elle détruira toutes les calomnies en

prouvant par sa fidélité, sa modération et son honneur, combien elle est avide de se sacrifier pour le bonheur public, et que la France et son Roi ont raison de compter sur elle. Ses ennemis, certes, sont plus ennemis de la France que la caste qu'ils accusent; elle se tait, et ils la condamnent d'avance par d'horribles suppositions. Que ses détracteurs donnent les premiers l'exemple de leur soumission à la Charte, et qu'ils n'accusent point sans preuve celle qui ne se défend que par son respect pour les lois, sa douceur, son désintéressement, sa résignation après tant d'outrages, et j'ose dire plus, par sa générosité.

La noblesse française a été considérablement diminuée par les causes dévastatrices de la révolution. Lorsque le plus grand des attentats eut été commis (1), un deuil universel couvrit la France de son voile funèbre. Les factieux qui avaient osé faire tomber la tête du meilleur et du plus infortuné des Rois, purent, sans contrainte, exercer leur rage contre ses fidèles serviteurs, dès-lors les plus

_______________

(1) *Excidat illa dies ævo, nec postera credant secula.*

fermes soutiens de l'autel et du trône furent renversés, et la noblesse vit ses plus brillantes tiges moissonnées par la faulx révolutionnaire. La république romaine fut florissante, tant que les droits de sa noblesse furent respectés et conservés; la décadence et l'oppression de ce premier corps de l'Etat furent les présages assurés de sa chute. Maintenant que le calme a succédé à l'orage, et que les peuples et les Rois unis par l'intérêt commun de leur salut, nous ont, en étouffant l'hydre révolutionnaire, rassurés contre de pareilles catastrophes, les gens sages et étrangers aux factions apprécient de sang-froid et sans partialité les avantages de cette institution. Lorsque de plus grands et de plus pressans intérêts auront été terminés par cet esprit d'ordre et de loyauté qui concilie tout, lorsque nos relations extérieures reposeront sur des bases stables et sur des garanties mutuelles, alors le Gouvernement pourra embrasser des objets qui, pour être moins complexes et impérieux, sont cependant dignes de fixer son attention.

Dans le calme heureux de la paix, il s'occupera de donner à une institution qu'il garantit, la marche régulière qui doit l'amener aux résultats utiles et déterminés par la nature

de son institution, la préparer à être la sauve-
garde de l'Etat, si l'impérieuse loi de la guerre
et l'honneur reclamaient son secours, et lui
donner enfin la considération qui est essen-
tielle à sa conservation.

Il y a beaucoup de départemens où se fait
spécialement sentir le besoin de voir régéné-
rer, sous les auspices du plus juste des rois,
cette cohorte de nobles défenseurs du Trône;
et dans cette régénération, l'équité se trouve
naturellement associée à l'intérêt et à la gloire
de la Patrie. Beaucoup de chefs de famille ont,
je n'en doute point, mérité l'honneur d'être
agrégés à la noblesse, par les preuves nom-
breuses de dévouement qu'ils ont données à la
légitimité; par les bons principes qu'ils ont
religieusement conservés, et qu'ils se sont fait
un devoir d'inculquer à leurs enfans. On con-
çoit tous les avantages attachés à la dispensation
d'une pareille récompense pour exciter l'émulation, éguillonner la valeur, et pour presser
en foule autour du Trône ceux que l'exemple
de leurs pères (1) et leur amour pour leur
Prince appellent à le défendre.

---

(1) Nam sæpé audivi ego Quintum Maximum,
P. Scipionem, prætereà civitatis nostræ præclaros vi-

Qui pourraient plus spécialement attirer les regards d'un monarque, rénumérateur des vertus civiques, que ces magistrats intègres, organes sévères des lois, qui ont fait servir leur éloquence au maintien de la morale, que ces dignes interprètes de l'amour des sujets pour leur Prince, et des sentimens affectueux du Prince pour ses sujets, ces magistrats municipaux, qui dans les circonstances les plus délicates, ont supporté par esprit de patriotisme, et dans les seules vues du bien public, toutes les peines attachées en temps de guerre aux fonctions en même temps les plus nobles et les plus pénibles.

Quant aux braves qui versent leur sang pour la patrie, on sait que la noblesse est la récompense particulièrement destinée aux services militaires, et qui répond le mieux aux sentimens d'honneur qui les animent.

Ainsi la noblesse est une terre qui long temps en friche, est remise en valeur par les soins d'un laboureur habile, et qui n'attend plus qu'une chaleur bienfaisante pour pro-

---

ros, solitos ità dicere, cùm majorum imagines intuerentur, vehementissimè animum sibi ad virtùtem accendi. *Salust. præf. bell. Jugur.*

duire des fruits généreux. C'est en vain qu'un système, qui a plus de connexité qu'on ne le pense avec les desseins d'une odieuse faction, cherche à insinuer que la noblesse n'existe réellement et politiquement que dans la chambre des pairs. La charte est là pour proclamer le contraire. Que les pairs soient *primi inter pares*, il leur sera toujours glorieux d'être estimés les plus fortes branches d'un arbre touffu et vigoureux. S'il en était autrement, ce serait détruire en un clin d'œil l'expérience des siècles, d'antiques et de glorieux souvenirs; ce serait restreindre dans d'étroites limites la base de notre monarchie, l'honneur, si bien défini par Montesquieu, l'honneur qui doit renfermer tous les élémens des vertus morales et civiles; l'honneur enfin qui doit couvrir de sa puissante égide la patrie, le prince et ses sujets. Que les pairs, ces illustres patriciens, honorés de la prédilection royale, jouissent des dignités, du respect et de tous les avantages que la charte leur assure, mais que l'opinion révère ce que la charte a consacré. Laissons cet honorable dédommagement aux familles qui ont rendu d'éminens services à l'état, et qui l'ont acquis au prix du sang versé pour lui, mais que les faveurs du prince n'ont point

appelés à la glorieuse prérogative de la pairie,
il n'y aura réellement rien de changé quant
au fond. En effet, sous l'ancien régime, comme
on le dit vulgairement, la noblesse ne jouis-
sait dans la réalité que d'illustres souvenirs
consacrés par une tradition respectable, et
qui lui valaient une supériorité purement
d'opinion. La pairie seule procurait à la cour
des distinctions honorifiques, refusées aux
plus grandes maisons de France. Mais aussi
l'éclat de la pairie ne faisait point disparaître
entièrement le désavantage d'une origine nais-
sante, tant il est vrai, dit M. de Meilhan,
« que plus la noblesse est ancienne, plus
» elle sera respectable en dépit des détrac-
» tions ; tant il est vrai que le profond
» respect pour la plus illustre des races
» royales, le souvenir de l'antique splendeur
» de la noblesse, le sentiment qu'on appelle
» honneur, les mœurs nationales, d'antiques
» traditions, forment un gouvernement assorti
» au génie français. »

La noblesse héréditaire est reconnue et ga-
rantie par la charte. Lorsque le Roi de France,
en reconnaissance des services rendus à l'état,
accorde des titres et des lettres de noblesse,
ces actes, émanés de la puissance royale, ne

seraient-ils que de vaines formalités? gardons-
nous par respect de le croire. Une gradua-
tion de rangs doit nécessairement exister en
France, et s'y établir d'une manière immua-
ble, pour enchaîner à jamais cet esprit de
confusion et d'anarchie, principes funestes
des révolutions. Cette distinction de rangs est
réclamée autant par l'esprit d'ordre, le respect et l'obéissance plus passive à la volonté
royale, par le besoin d'environner le Trône
de plus d'éclat, que commandée impérieuse-
ment par l'intérêt de la société et la gloire de
la patrie.

Les doctrines artificieuses qui tendent à
subvertir cette institution, ne prévaudront
point, quelques efforts que fassent les brouil-
lons et les factieux, en dépit de ces nombreux
égoïstes qui n'admettent dans la charte que
ce qui flatte leurs intérêts, et rejettent ce qui
choque leur amour-propre insensé; qui de
leur autorité privée se constituent les arbi-
tres d'une institution que la charte a consacrée, et qui ne s'aperçoivent point qu'ils
décèlent le secret d'un ame jalouse et leur
orgueil blessé, par la contradiction manifeste
dans laquelle ils tombent. Car si, dans leur

absurde système, la noblesse n'est plus rien, pourquoi s'acharnent-ils tant contre elle ? Pourquoi veulent-ils se mettre au-dessus d'elle en la condamnant, comme s'ils avaient acquis le droit de la juger? Elle dédaignera les sarcasmes de certains écrivains politiques qui, préposés pour donner à l'opinion publique une direction utile aux intérêts de l'état, au lieu de chercher à exciter une louable émulation, à rivaliser avec nous d'amour pour le Prince, à faire chérir la patrie et respecter l'honneur, à dissiper les illusions de l'amour-propre, au lieu de servir d'avant-garde à la bonne cause, de soutien aux principes, de contrepoids à la partialité, affichent des doctrines qui tendent à troubler le repos de l'état, et frondent ouvertement des institutions créés par la sagesse, cimentées par l'expérience, et qui peuvent assurer notre gloire et notre tranquillité. Que ces censeurs intrépides se convainquent bien que la charte est un tout dont on ne peut impunément détacher une partie.

Si donc la noblesse a perdu ses droits et ses prérogatives, les plus précieux restes d'un grand héritage lui sont encore dévolus, les fruits d'une éducation spécialement dirigée vers la gloire nationale, le sentiment de ses devoirs, l'amour de son prince, l'esprit d'obéissance aux lois, l'honneur enfin ; qui pourrait lui disputer ce glorieux partage ? Qu'elle cesse donc d'être en butte aux traits d'une injuste jalousie ! La noblesse, je le répète, ce gage glorieux et successif, qui rappelle d'anciens services rendus à la patrie, et qui deviendra la récompense de nouveaux services, est confirmée par l'opinion et par la loi, parce qu'elle complaît au caractère national, et parce qu'elle entretient le feu sacré de l'honneur qui est le principe fondamental d'une monarchie légitime.

La nouvelle noblesse doit, comme solidaire, repousser les attaques dirigées contre l'ancienne. Elles sont indivisibles par l'effet de l'acte constitutionnel ; attaquer l'une, c'est insulter l'autre : elles doivent se cimenter dans la même fusion, comme deux métaux dégagés de toute scorie, et paraître plus brillantes par l'agrégation qu'elles ont subie. Serait-ce par légèreté d'esprit, ou par l'effet d'un système perfide, que l'on voudrait dire du bien de l'une et du mal de l'autre ? elles ne doivent

point le souffrir, leur honneur est collectif,
Qu'elles luttent entre elles, s'il le faut, de zèle
et de dévouement, mais qu'elles soient irré-
vocablement unies de fait et d'intentions.

Si on laisse toujours impunie l'irrévérence
que certains esprits inquiets et jaloux témoi-
guent pour tout ce qui n'est point fait spécialement pour eux, il n'y a pas de raison pour
que toutes les institutions ne soient attaquées
par ces frondeurs, partisans des révolutions,
qui n'adoptent que ce qui flatte leur cupidité,
et affectent de mépriser des honneurs qu'ils ne
dédaigneraient point s'ils leur étaient exclusi-
vement réservés. La noblesse serait-elle sacrifiée avec indifférence aux argumens captieux
de ces philosophes atrabilaires, qui, du ton
le plus absolu de l'autorité, tranchent la question avec des invectives. Serait-elle la victime
d'une abstraction injuste ? Il n'y a pas de-lâ-
cheté plus grande que celle d'isoler celui qu'on
attaque des monumens de sa gloire, de le livrer après l'avoir arraché de son asile protec-
teur, et dépouillé des vêtemens honorables
qui le couvrent, à tous les effets de la proscription. On peut assurer hardiment que
l'honneur français ne sera point perdu tant

que la noblesse en conservera le précieux dépôt.

Lorsque les Français, encore étourdis du mouvement irrégulier que leur a si long-temps imprimé la folie d'un despote, auront repris le calme majestueux qui convient à une grande nation, alors ils abjureront les prestiges d'une fausse gloire qui n'est que le partage d'une ambition démesurée. Ils sauront distinguer la gloire qui conserve, de celle qui détruit; et ils reconnaîtront toute la justesse de la définition qu'en faisait un esprit original, Shakespear, qui disait : la fausse gloire est un cercle au milieu des ondes, qui cherche à s'agrandir , et ne cesse de s'étendre que pour disparaître dans le néant. Ils apprendront que les lois sont les plus fermes appuis d'un état, que vouloir les renverser c'est se mettre en guerre ouverte avec la société, que nous devons obéissance et soumission entière à celui qui nous protège de toute la force de son autorité. Un descendant de Henri IV, que les droits de sa naissance et ses vertus ont appelé à régner sur nous, ne peut avoir d'autre guide, d'autre passion, que ce noble et ardent desir de faire le bonheur de son peuple, et de s'attirer notre amour. Tant que Marc-Aurel

fut sur le trône, les lois et la liberté indivi-
duelle furent respectées (1).

Car d'un Roi bienfaisant suivre et chérir les lois,
C'est de la liberté conserver tous les droits.

Mais ils n'oubliront point aussi que le Roi
doit faire respecter son autorité et sur-tout la
nation; que si la modération est une vertu
applicable à bien des circonstances, la corruption du siècle ne permet point toujours
aux souverains de la pratiquer; et que l'illustre évêque de Meaux, exhortant les rois à
punir le crime, leur adresse ces paroles. « Eten-
» dez vos longs bras qui vont chercher les mé-
» chans, et qui peuvent les atteindre jusqu'aux
» extrémités de votre empire; » alors ils reconnaîtront que la force et la consistance du gouvernement, la juste répartition des rangs,
sont les plus sûrs appuis du bonheur de chaque particulier, aussi bien que de la grandeur
publique; alors ils goûteront tous les avantages que procure et que garantit un état légitime, ferme autant que clément, fort autant

___

(1) Neque enim libertas tutior ulla est
Quàm domino servire bono.

(*Claudien.*)

que généreux, ils apprécieront l'utilité des institutions sociales, et s'empresseront, par la plus louable émulation, d'aspirer à une distinction qui deviendra le prix des talents et des vertus.

Lorsque la bourgeoisie, parée des vertus modestes qui doivent être son véritable ornement, cultivera en paix les fruits d'une honorable industrie; lorsque sur-tout la classe ouvrière, uniquement occupée de pourvoir par son travail au soin de son existence, roulera sans y penser dans la sphère des idées qui lui sont relatives; lorsque cette classe précieuse à la patrie, toujours conduite par des habitudes paisibles, ne se mêlera plus de toucher au mécanisme compliqué d'un empire, que la portée de son esprit ne peut comprendre: alors elle ne connaîtra la marche du gouvernement que par les bienfaits qu'il répand sur elle; alors, comme à l'envi, ces deux classes estimables de la société, revenues de leur prévention contre la noblesse, charmées de la politesse de ses manières, de l'affabilité de ses relations, sauront parfaitement distinguer les intrigans qui prétendraient désormais s'élever aux dignités à force de bassesse, d'avec ces hommes généreux que le mérite autant que la naissance y placerait naturellement.

Je pense comme Lamothe Oudard, qui disait qu'il avait réservé dans sa tête un coin pour les opinions des autres. J'excuse facilement ces esprits ardents qui ont vu ou du moins ont cru voir dans les changemens opérés par la révolution, des résultats avantageux au bonheur public : j'excuse ces hommes qu'une vive sensibilité; qu'un cœur trop expensif ont entraînés comme malgré eux dans d'imprudentes erreurs, et qui sont revenus sur leurs pas du moment qu'ils ont pu en prévoir les terribles conséquences; mais ces artisans des révolutions qui ont vieilli dans le crime, ces charlatans politiques qui ont mis la France à deux doigts de sa perte; ces éternels ennemis de la légitimité; ces grands coupables enfin qui ne sont arrivés aux derniers résultats d'une ambition satisfaite que par le plus affreux des attentats, que nous veulent-ils? En vain, pourraient-ils nous dire : nous avons eu pendant vingt ans le cœur gonflé de toutes les jouissances de l'amour-propre; nous avons goûté toutes les faveurs que nous avions proscrites; nous avons brûlé de l'encens tout comme les autres sur les autels des préjugés (1); nous avons relevé pour nous et adoré les idoles que nous avions renversées en haine des autres; nous avons gagné nos richesses et nos honneurs en courbant humblement nos fronts sous le joug du despotisme et en applaudissant à ses odieux caprices; nous avons divinisé Molloch, malgré le cri de désespoir qui s'élevait de toutes les chaumières, n'égorgez point nos enfans dont le sang criera vengeance au jour du jugement dernier; croyez-vous qu'il soit si facile de renoncer aux vanités du monde que nous avons payées si chèrement. Illustres scélérats, leur dirait un distique Turc, votre grandeur n'est plus, le temps, qui met des bornes à tout, en a mis à vos criminels triomphes. Rendez-vous justice, osez regarder en arrière et ne rougissez point de votre premier néant! Soyez assez généreux pour sacrifier votre amour-propre à la patrie, renoncez aux vains prestiges des honneurs que vos vertus n'ont point légiti

______________

(1) On connaît ce bon mot de madame la marquise du Deffant. Un philosophe du temps lui disait d'un air présomptueux, il faut avouer, madame, que nous avons grandement abattu la forêt des préjugés. Voilà pourquoi vous débitez tant de fagots, répondit-elle.

més, abandonnez une terre que vos forfaits
ont ensanglantée, et allez cacher dans des ré-
gions lointaines votre honte et vos remords :
mais non, rien ne déconcerte votre audace ;
quelque part que vous soyez ; vous criez au
liberticide, et vous avez vendu nos libertés ;
vous criez à l'oppression, et vous avez été les
plus lâches oppresseurs de votre pays. Aucun
sentiment de compassion pour les maux qui
l'accablent ne peut entrer dans vos cœurs de
fer, et comme vous devez votre élévation et
vos honneurs à la licence, vous voudriez encore lui devoir votre conservation. J.-J. Rousseau semble avoir voulu définir l'hydre révolutionnaire, en disant : les particuliers meurent, mais les corps collectifs ne meurent
point, les mêmes passions s'y perpétuent, et
leur haine ardente, immortelle comme le dé-
mon qui l'inspire, a toujours la même activité. Soyons sans cesse en garde contre ces
éternels ennemis ; mettons-nous sous l'égide
d'un gouvernement qui, fort d'un pouvoir légitime et comme Hercule, toujours armé de sa
massue redoutable, peut abattre les têtes re-
naissantes des factions.

Ne souffrons donc plus qu'une poignée de
séditieux se mêlent de juger et de condamner

les Rois. Nous en avons fait la trop cruelle expérience.

Le lecteur ne sera point fâché de trouver ici un petit catéchisme moral et politique à l'usage d'un sujet fidèle, et un hommage rendu à la légitimité dans une réponse de Jagellon, Roi de Pologne, aux Bohémiens qui venaient lui offrir le trône dont ils chassaient Wenceslas. « Votre Roi n'est redevable de sa cou-
» ronne à aucune puissance de la terre ; il ne
» répond qu'à Dieu de ses actions. S'il désho-
» nore son rang par sa conduite, ses sujets ne
» sont point ses juges. C'est un avantage pour
» eux de n'avoir point ce droit ; car ils ne se-
» raient point heureux. Quand le pouvoir
» législatif ne réside point dans la seule per-
» sonne du prince, il n'y a pas de position
» plus désavantageuse que celle d'un État où
» la multitude partage l'autorité souveraine.
» La confusion et les troubles inséparables
» de cette forme de gouvernement sont plus
» dangereux que les vices du maître dont
» vous abhorrez les excès. Vous n'avez main-
» tenant d'autres armes à employer que la
» patience, et quoique je sois très-sensible
» à l'estime que vous me témoignez, je suis
» moins touché que surpris de l'assurance

» avec laquelle vous me proposez un acte
» d'injustice qui contrarie mes principes. »

N'oublions pas que nous devons le respect
aux agens suprêmes que le Roi a rendu dé-
positaires de son autorité, lorsque surtout ils
peuvent ressembler à lord Scarborough, à qui
l'on reprochait dans la chambre des pairs
d'Angleterre qu'il prenait le parti du Roi parce
qu'il avait une belle charge à la cour. « Mes-
» sieurs, dit-il, pour vous prouver que mon
» opinion ne dépend pas de ma place, je m'en
» démets à l'instant. »

Rappelons-nous la gloire qui accompagnait
le nom français jusqu'aux pôles ; sachons que
notre honneur est intéressé à la reconquérir,
à effacer la haine que les forfaits et l'ambition
d'un despote ont pu lui imprimer, et à ré-
prendre, par notre loyauté, notre franchise,
notre urbanité et ces qualités si brillantes qui
nous ont toujours distingués, le rang que la
renommée nous assignait parmi les nations.

Rappelons-nous l'antique amour des Français pour leurs princes, il était gravé en caractères ineffaçables dans l'esprit et dans le cœur
d'une nation tendrement attachée à ses souverains, et dont le destin, et l'expérience le
prouve, sera de ne pouvoir être heureuse

qu'autant qu'ils régneront sur elle. Une fausse philosophie avait empoisonné la source de notre bonheur ; la religion doit la purifier : déjà son feu sacré se rallume, et sa chaleur vivifiante se communique dans toutes les parties du royaume.

Rappelons-nous que nous sommes sortis du dédale d'une révolution qui tendait à tout engloutir, et que nous serions plus que dupes d'y rentrer. Oui, il a fallu une révolution inouie, pour que les Français, jadis si jaloux de leur gloire et de leur liberté, consentissent à les perdre en dérogeant à leur ancienne et noble coutume de ne point reconnaître de maître qui ne fût Français (1).

Rappelons-nous sans cesse que les agens du despotisme, que les traîtres qui se cachent sous le nom d'un parti, que les révolutionnaires enfin, éminemment possédés du génie de détruire, sont toujours prêts à crier vive notre ruine et périsse notre prospérité ; qu'il s'est trouvé, à la honte de la nation, des perfides qu'une main royale avait élevés au plus

––––––––

(1) Sit omnibus exemplum ne quis extraneorum Francorum regnum audeat violare.

haut rang, et qui ont trouvé, dans les prérogatives attachées à leur dignité, et dans l'in-
signe honneur d'approcher de plus près un
monarque généreux , l'odieux moyen de
le trahir. Mais ce qui est plus incroyable encore , rappelons-nous que ces traitres ont
poussé la duplicité jusqu'à colorer leurs criminels desseins des intentions les plus loua-
bles. Mais l'enfer est plein de bonnes intentions, dit un proverbe espagnol.

Rappelons-nous que, suivant les maximes
de Pythagore, il faut faire constamment la
guerre aux cinq choses suivantes : aux mala-
dies du corps, à l'ignorance de l'esprit, aux
passions du cœur, à la discorde des familles
et sur-tout aux séditions publiques. Oui, plus
de paix avec des rebelles. « Quiconque, dit le
» grand Bossuet, n'aime pas la société civile
» dont il fait partie, c'est-à-dire l'état où il est
» né, est l'ennemi de lui-même et du genre
» humain. C'est pourquoi les séditieux qui
» n'aiment pas leur pays, et y portent la divi-
» sion et le trouble, sont l'exécration du genre
» humain ; la terre ne peut plus les supporter
» et s'ouvre pour les engloutir. Ainsi péri-
» rent Coré, Dathan et Abiron ; ainsi méri-

» tent d'être retranchés ceux qui mettent la
» division parmi le peuple, il ne faut point
» avoir de société avec eux; les approcher
» c'est approcher de la peste. »

Puissent les infatigables ennemis de l'ordre public, n'éprouver d'autre vengeance que l'effet de cette sentence de Pythagore : que celui qui prive un autre du plaisir, puisse éprouver la douleur. Nous voulons le plaisir de goûter tous les avantages d'une institution créée par la sagesse, ils voudraient la remplacer par les abstractions de leurs cerveaux brûlés : nous voulons le plaisir de posséder un Roi légitime, ferme, éclairé, bienfaisant; ils voudraient lui substituer un tyran insensé et farouche, ou mieux encore leur domination sanguinaire; mais ils n'y réussiront point : qu'ils nous laissent notre repos et notre Roi, qu'ils gardent le souvenir de leur horrible idole, et qu'ils emportent avec leurs richesses, puisqu'il le faut, leurs pensées furibondes ou leurs remords. Ils nous ont prouvé depuis longtemps que toute leur conduite consistait dans cet étrange aphorisme de Fontenelle, qu'il n'y a de bonheur parfait qu'avec un mauvais cœur et un bon estomac.

Quant à nous, Français royalistes et bons citoyens, prêtons à la face du ciel, notre serment unique, inviolable; celui de ne courber jamais nos fronts sous le joug de la tyrannie.

---

*ERRATUM.*

Page 24, ligne 25, au lieu de aura, *lisez* aurait.

De l'Imprimerie de PLASSAN, rue de Vaugirard, n° 15.

www.ingramcontent.com/pod-product-compliance
Lightning Source LLC
Chambersburg PA
CBHW071518030726
47593CB00003B/1324